Impressum
Verlag: BABADADA GmbH, Nedderfeld 112 , 22529 Hamburg
Geschäftsführer / Verlagsleitung: Harald Hof
Druck: Books on Demand GmbH, In de Tarpen 42, 22848 Norderstedt

Imprint
Publisher: BABADADA GmbH, Nedderfeld 112 , 22529 Hamburg, Germany
Managing Director / Publishing direction: Harald Hof
Print: Books on Demand GmbH, In de Tarpen 42, 22848 Norderstedt, Germany

Schule

ښوونځی

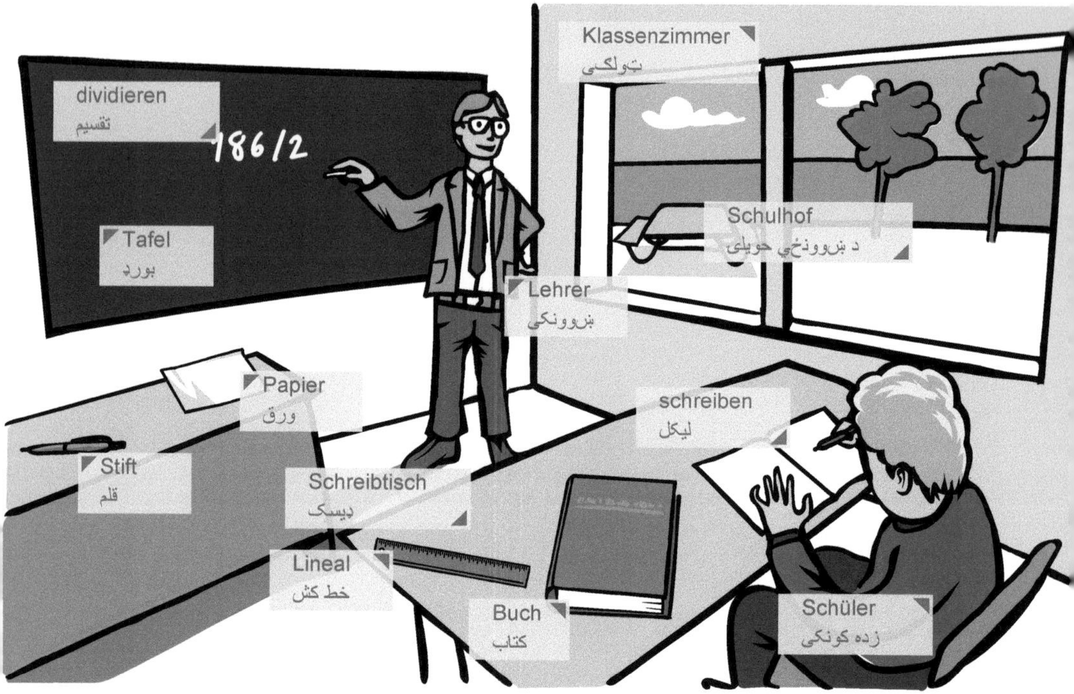

Klassenzimmer
ټولګی
dividieren
تقسيم
186/2
Tafel
بورډ
Schulhof
د ښوونځي حویلی
Lehrer
ښوونکی
Papier
ورق
schreiben
لیکل
Stift
قلم
Schreibtisch
ډیسک
Lineal
خط کش
Buch
کتاب
Schüler
زده کونکی

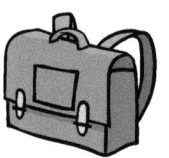

Ranzen

کڅوړه

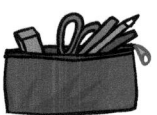

Federmappe

د پنسل بکسه

Bleistift

پنسل

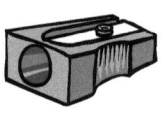

Bleistiftanspitzer

پنسل تراش

Radiergummi

ربړ

Zeichenblock

د رسامی پاڼه

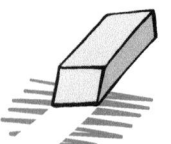

Zeichnung

رسامي

Pinsel

د نقاشۍ برس

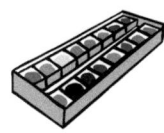

Malkasten

د نقاشۍ بکس

Schere

قيچي

Klebstoff

سريښ

Übungsheft

د تمرين کتاب

Hausaufgabe

کورنۍ دنده

12

Zahl

شمير

2+2

addieren

جمع

5-2

subtrahieren

منفي

2×2

multiplizieren

ضرب

rechnen

حساب

A

Buchstabe

توری

ABCDEFG
HIJKLMN
OPQRSTU
VWXYZ

Alphabet

الفبا

Wort

کلمه

Text

متن

lesen

لوستل

Kreide

تباشير

Stunde

درس

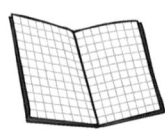

Klassenbuch

راجستر

Prüfung

ازموينه

Zeugnis

تصديق پاڼه

Schuluniform

د ښوونځي يونيفارم

Ausbildung

تعليم

Lexikon

دايره المعارف

Universität

پوهنتون

Mikroskop

مايكروسكوپ

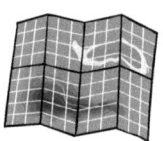

Karte

نقشه

Papierkorb

اشغالدانی

Reise
سفر

Hotel
هوټل
Grand
Herberge
ليليه
ROOMS
Wechselstube
د اسعارو د تبادلي دفتر
Koffer
بکس
Auto
موټر

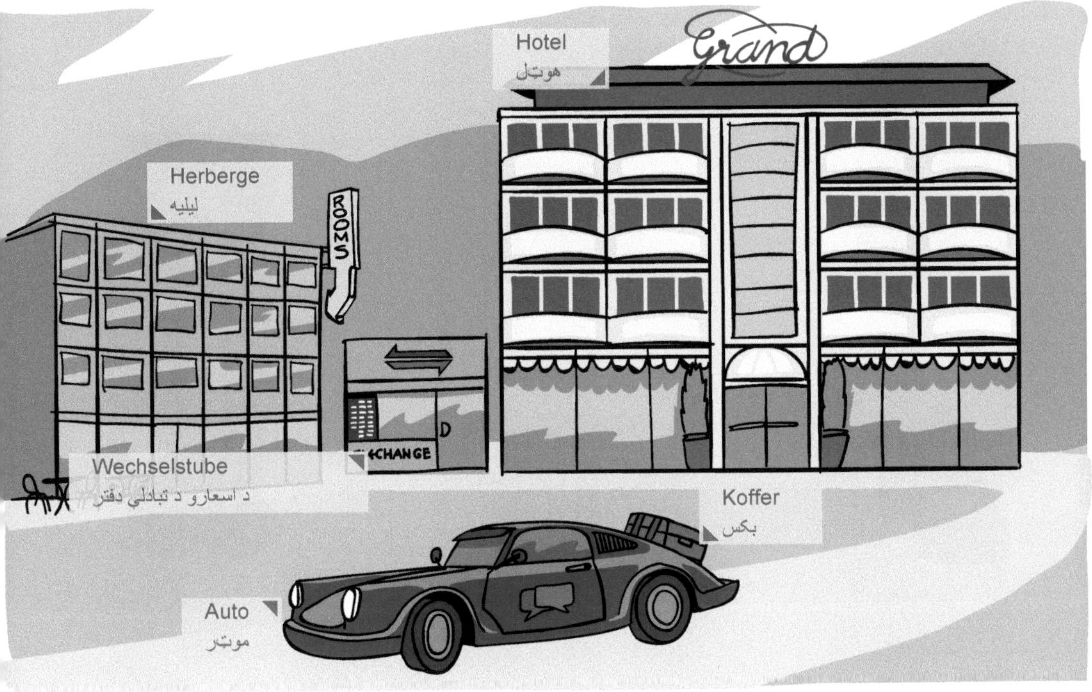

Sprache
ژبه

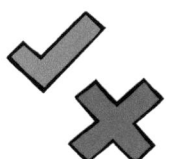

ja / nein
هو/نه

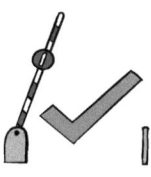

Okay
سمه ده

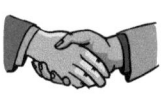

Hallo
سلام

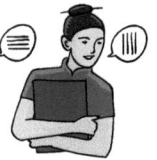

Übersetzer
ژباړونکی

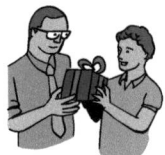

Danke
مننه

Was kostet...?

څومره دي...؟

Ich verstehe nicht

زه نه پوهيږم

Problem

ستونزه

Guten Abend!

مازديګر مو پخير!

Guten Morgen!

سهار په خير!

Gute Nacht!

شپه په خير!

Auf Wiedersehen

په مخه مو بنه

Richtung

لارښود

Gepäck

سامان

Tasche

بيک

Rucksack

شاتنی بکس

Gast

ميلمه

Zimmer

خونه

Schlafsack

د خوب کڅوړه

Zelt

خيمه

Touristeninformation

د توریزم معلومات

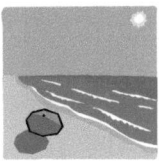

Strand

ساحل

Kreditkarte

کریدیت کارت

Frühstück

ناری

Mittagessen

د غرمي خواړه

Abendessen

د شپې خواړه

Fahrkarte

ټیکټ

Fahrstuhl

لفټ

Briefmarke

مهر

Grenze

پوله

Zoll

ګمرک

Botschaft

سفارت

Visum

ویزه

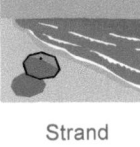

Pass

پاسپورت

Transport

ترانسپورت

Flugzeug
الوتکه

Schiff
بیری

Feuerwehrauto
د اور ماشین

Bus
بس

Lastwagen
ترک

Motorboot
موټرکښتی

Fahrrad
بایک

Auto
موټر

Fähre

کښتی

Boot

کښتی

Motorrad

موټرسایکل

Polizeiauto

د پولیسو موټر

Rennauto

د ریس موټر

Mietwagen

کرایی موټر

Carsharing

د کرایه موټری

Abschleppwagen

د رثقيل لرونکي ټرک

Müllauto

ریفیوز ټرک

Motor

موټر

Kraftstoff

سونګ توکي

Tankstelle

پيټرول سټيشن

Verkehrsschild

ترافيکي نښه

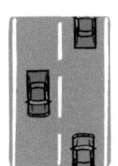

Verkehr

ترافيک

Stau

جام ترافيک

Parkplatz

د موټرو تمځای

Bahnhof

د ريل سټيشن

Schienen

پاټکي

Zug

ريل

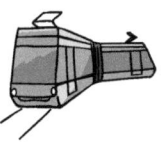

Straßenbahn

ټرام

Wagon

واګون

Helikopter

چورلکه

Flughafen

هوايي ډکر

Tower

برج

Passagier

مسافر

Container

کانټينر

Karton

کارتون

Karren

کارت

Korb

ټوکری

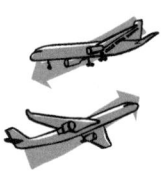

starten / landen

الوتنه کول/کينيناستل

Stadt

ښار

Dorf

کلی

Stadtzentrum

د ښار مرکز

Haus

کور

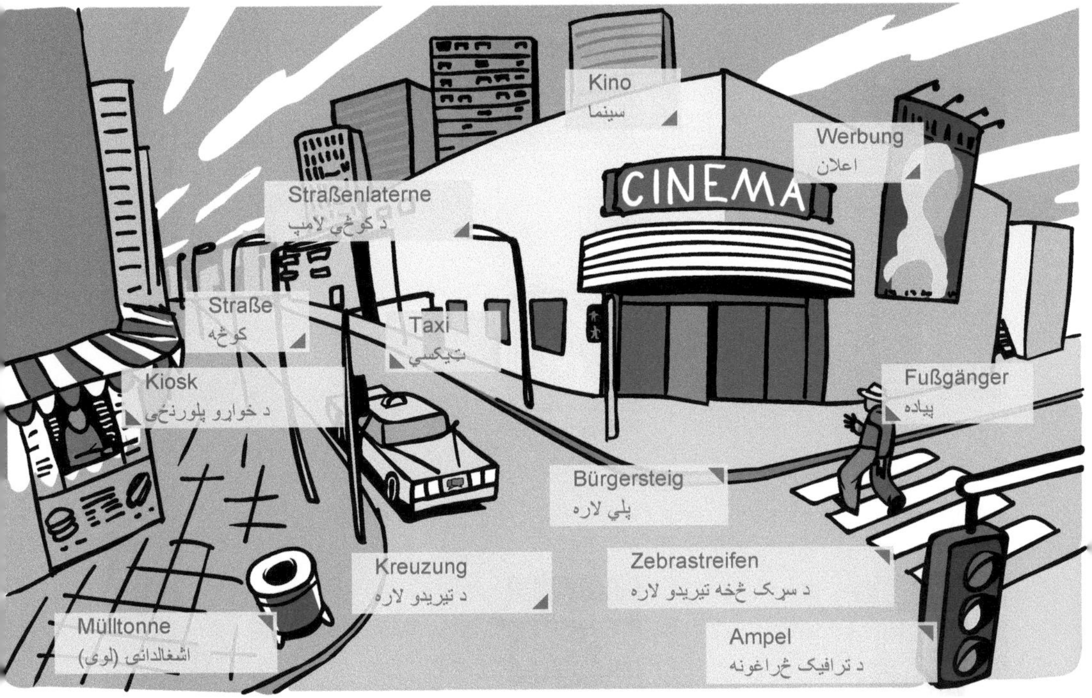

Kino
سینما

Werbung
اعلان

Straßenlaterne
د کوڅې لامپ

Straße
کوڅه

Taxi
ټیکسي

CINEMA

Kiosk
د خوارو پلورنځی

Fußgänger
پیاده

Bürgersteig
پلي لاره

Kreuzung
د تیریدو لاره

Zebrastreifen
د سرک څخه تیریدو لاره

Mülltonne
اشغالدانی (لوی)

Ampel
د ترافیک څراغونه

Hütte

کودله

Wohnung

اپارتمان

Bahnhof

د ریل سټیشن

Rathaus

ټاون هال

Museum

میوزیم

Schule

ښوونځی

Universität

پوهنتون

Bank

بانک

Krankenhaus

روغتون

Hotel

هوټل

Apotheke

درملتون

Büro

دفتر

Buchhandlung

کتاب پلورنځی

Geschäft

پلورنځی

Blumenladen

د ګلانو پلورنځی

Supermarkt

لوی پلورنځی

Markt

مارکیټ

Kaufhaus

د دیپارټمنټ ستور

Fischhändler

کب پلورنځی

Einkaufszentrum

د پلور مرکز

Hafen

لنګرتون

Park

پارک

Bank

بینچ

Brücke

پل

Treppe

زینه

U-Bahn

د ځمکي لاندي

Tunnel

تونل

Bushaltestelle

بس تمځای

Bar

بار

Restaurant

ریسټورانت

Briefkasten

پوست بکس

Straßenschild

د کوڅي نښه

Parkuhr

د پارک کولو میتر

Zoo

ژوبڼ

Badeanstalt

د لامبو حوض

Moschee

مسجد

Bauernhof

کرونده

Umweltverschmutzung

ناپاکي

Friedhof

هدیره

Kirche

چرچ

Spielplatz

د لوبو ډکر

Tempel

معبد/کلیسا

Landschaft

منظره

Blatt
پاڼه

Wegweiser
د لارښوونې نښه

Weg
لاره

Wiese
چمن

Stein
کاڼی

Baum
ونه

Wanderer
هیکر

Fluss
سیند

Gras
واښه

Blume
گل

Tal

دره

Berg

غوندی

See

ناور

Wald

ځنګل

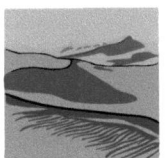

Wüste

دشته

Vulkan

اورشیندی

Schloss

کلا

Regenbogen

رنگین کمان

Pilz

مرخیري

Palme

پلم ونه

Moskito

ماشي

Fliege

الوتل

Ameise

میږی

Biene

مچی

Spinne

غوند/جولا

Käfer

کونگپت

Frosch

چونگښه

Eichhörnchen

نولی

Igel

زیرکی

Hase

سوی

Eule

کونگ

Vogel

مرغی

Schwan

قازه

Wildschwein

نرخوک

Hirsch

هوسدی

Elch

گاوزه

Staudamm

بند

Windrad

بادي توربين

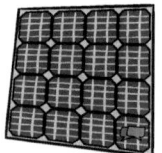

Solarmodul

سولر تختی

Klima

اقلیم

Restaurant

ریسټورانټ

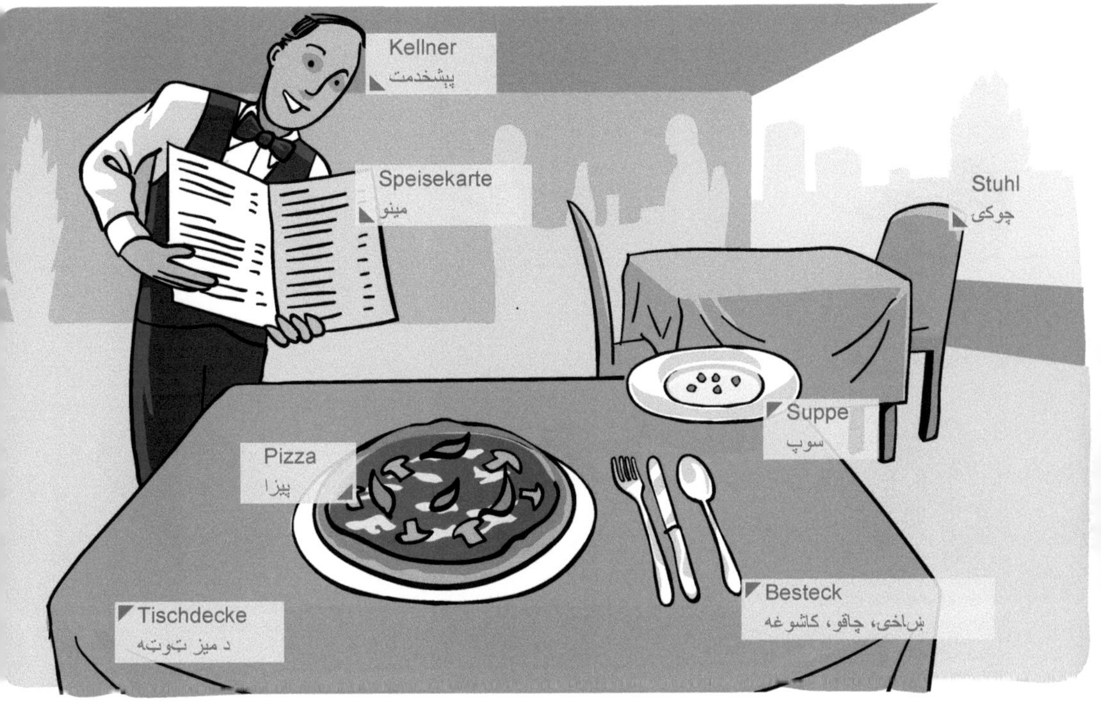

Kellner
پیشخدمت
Speisekarte
مینو
Stuhl
چوکی
Suppe
سوپ
Pizza
پیزا
Besteck
بڼاخی، چاقو، کاشوغه
Tischdecke
د میز ټوټه

Vorspeise

سټارټر

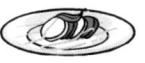

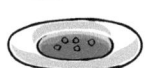

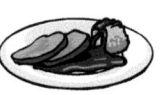

Hauptgericht

اصلي خواړه

Nachspeise

شیرني

Getränke

څښاک

Essen

خواړه

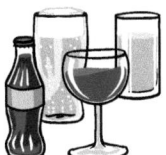

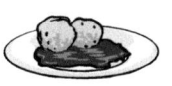

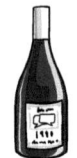

Flasche

بوتل

Fastfood

فاسټ فوډ

Streetfood

د کوڅي خواره

Teekanne

چای جوش

Zuckerdose

قندانئ

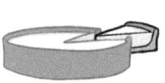

Portion

برخه

Espressomaschine

اسپرسو مشين

Hochstuhl

لوړه چوکی

Rechnung

رسيد

Tablett

مجمه

Messer

چاکو

Gabel

پنجه

Löffel

قاشق

Teelöffel

چای قاشق

Serviette

سورويت

Glas

گلاس

Teller

پلیټ

Suppenteller

د سوپ پلیټ

Untertasse

نالبکی

Sauce

ساس

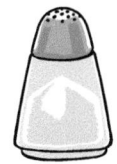

Salzstreuer

مالګه شیندونکی

Pfeffermühle

د مرچ ټکولو لوخی

Essig

سرکه

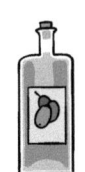

Öl

غوړي

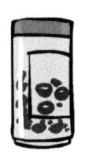

Gewürze

مساله

Ketchup

کچ اپ

Senf

شرشم

Mayonnaise

چکه

Supermarkt

لوی پلورنځی

Angebot
ځانګړی وړاندیز
FOR
Kunde
پیرودونکی
Milchprodukte
لبنیات
Obst
میوه
Einkaufswagen
لاسي ځرخ

BUTCHERS

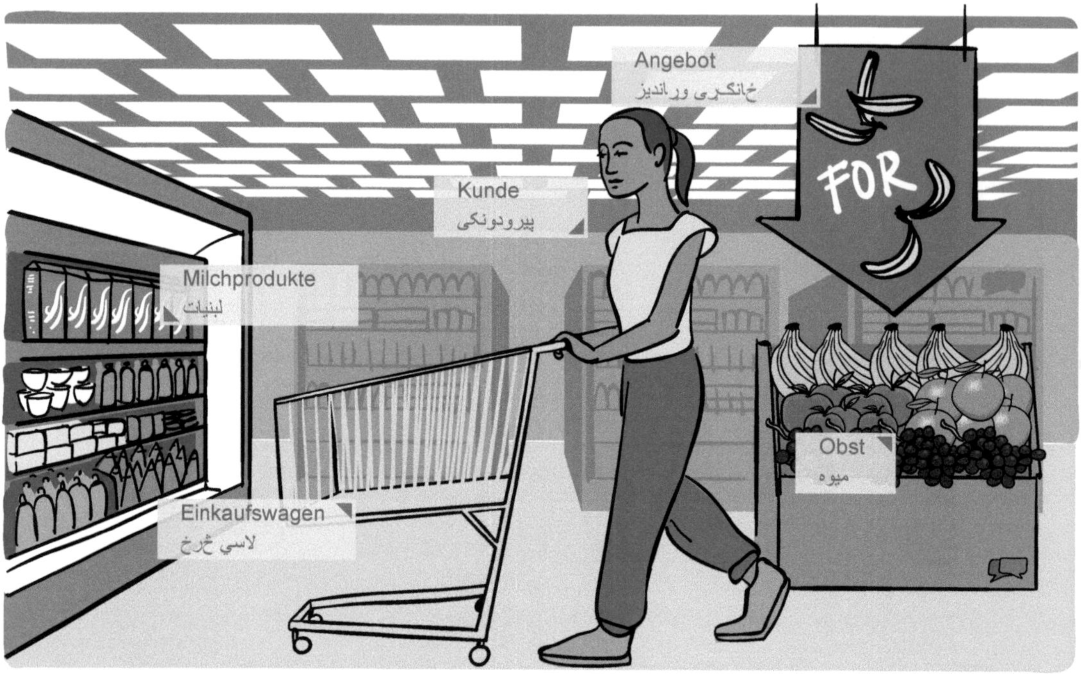

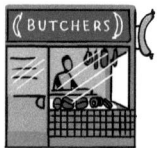

Schlachterei

قصابي

BAKERY

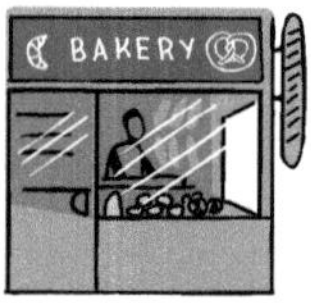

Bäckerei

نانوایی

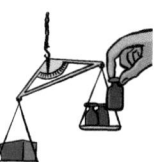

wiegen

وزن کول

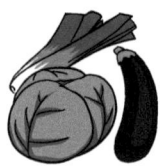

Gemüse

سبزيجات

Fleisch

غوښه

Tiefkühlkost

کنګل خواړه

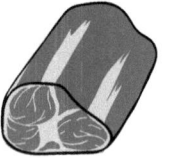

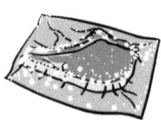

Aufschnitt

يخه غوښه

Konserven

کنسروا خواړه

Waschmittel

د مینځلو پودر

Süßigkeiten

شیریني

Haushaltsartikel

کورني تولیدات

Reinigungsmittel

د پاکولو محصولات

Verkäuferin

د پلور فرد

Kasse

د نغدي راجستر

Kassierer

صراف

Einkaufsliste

د پیرود لیست

Öffnungszeiten

کاري ساعتونه

Brieftasche

بټوه

Kreditkarte

کریډیټ کارت

Tasche

کڅوړه

Plastiktüte

پلاستیک کڅوړه

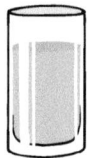

Wasser

اوبه

Saft

جوس

Milch

شیده

Cola

کوک

Wein

واین

Bier

بیر

Alkohol

الکول

Kakao

ککاو

Tee

چای

Kaffee

کافي

Espresso

اسپرسو

Cappuccino

کپچینو

Banane

كيله

Apfel

مڼه

Orange

نارنج

Melone

هندوانه

Zitrone

ليمو

Karotte

گازره

Knoblauch

هوږه

Bambus

بانكس

Zwiebel

پياز

Pilz

مرخيړي

Nüsse

چغزى

Nudeln

آش

Spaghetti

سپیگتـي

Reis

وریجي

Salat

سلاد

Pommes frites

چپس

Bratkartoffeln

سره کري کچالو

Pizza

پیزا

Hamburger

همبرگر

Sandwich

ساندویچ

Schnitzel

کتره

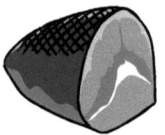

Schinken

د پتون غوښه

Salami

سلمي

Wurst

ساسچ

Huhn

چرگ

Braten

روسټ

Fisch

کب

Haferflocken

د وربشي شيرني

Müsli

موسلي

Cornflakes

د جوار پلی

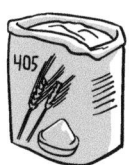

Mehl

اوړه

Croissant

کروسانت

Brötchen

د ډوډۍ رول

Brot

ډوډۍ

Toast

ټوسټ

Kekse

بسکيټ

Butter

کوچ

Quark

چکه

Kuchen

کيک

Ei

هګۍ

Spiegelei

پښي هګۍ

Käse

پنير

Eiscreme

آیس کریم

Zucker

بوره

Honig

شهد

Marmelade

مربا

Nougat-Creme

نوگات کریم

Curry

کورکمان

Bauernhaus
د کروندی خونه

Scheune
غوجل

Strohballen
د بوسو گیدی

Feld
پټکه

Pferd
اس

Anhänger
لاس گاډی

Traktor
ټریکټر

Fohlen
کوچنی اس

Esel
خر

Schaf
پسه

Lamm
ورۍ

Ziege
....

وزه

Kuh
....

غوا

Kalb
....

خوسکی

Schwein
....

خوگ

Ferkel
....

د خوگ بچی

Bulle
....

غویی

Gans

بته

Ente

هيلی

Küken

چرګوری

Huhn

چرګه

Hahn

بانګي

Ratte

سارای موږک

Katze

پیشک

Maus

موږک

Ochse

غویی

Hund

سپی

Hundehütte

د سپي خونه

Gartenschlauch

د باغ هوز

Gießkanne

د اوبو لوخی

Sense

لور (داس)

Pflug

یوی

Sichel

لور

Hacke

رمبی

Mistgabel

بڼاخی

Axt

تبر

Schubkarre

کراچی

Trog

ناوه

Milchkanne

د شیدو لوخی

Sack

جوال

Zaun

کتّاره

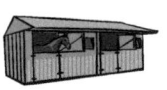

Stall

مضبوط

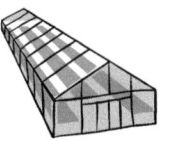

Treibhaus

شنه خونه

Boden

خاوره

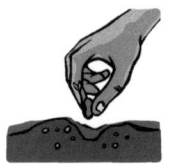

Saat

تخم

Dünger

سره/کود

Mähdrescher

کـد ریبونکی ماشین

ernten

زيرمه كول

Ernte

درمند

Yamswurzel

خواړه كچالو

Weizen

غنم

Soja

سويا

Kartoffel

كچالو

Mais

جوار

Raps

نباتي تخم

Obstbaum

د ميوي ونه

Maniok

مانيوک

Getreide

غله

Haus

کور

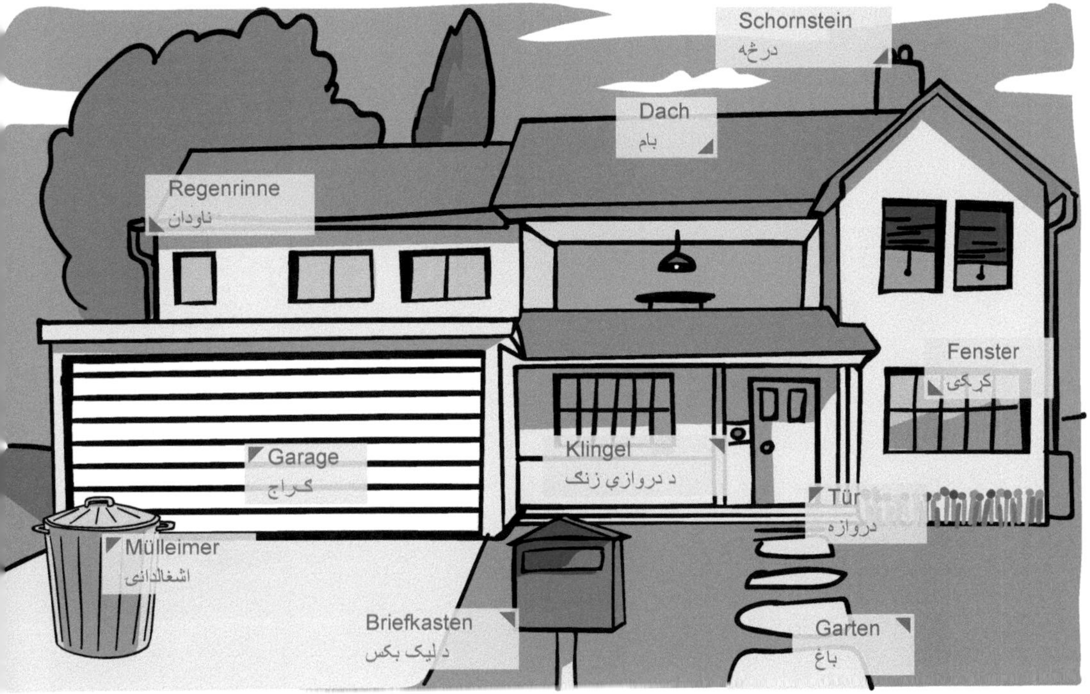

Schornstein
درځه
Dach
بام
Regenrinne
ناودان
Fenster
کړکۍ
Garage
ګراج
Klingel
د دروازې زنګ
Tür
دروازه
Mülleimer
اشغالدانۍ
Briefkasten
د لیک بکس
Garten
باغ

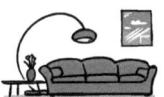

Wohnzimmer

د اوسیدو خونه

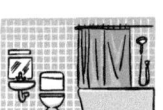

Badezimmer

حمام

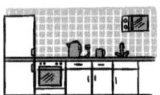

Küche

پخلنځی

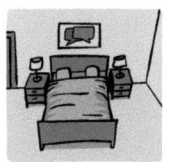

Schlafzimmer

د ویده کیدو خونه

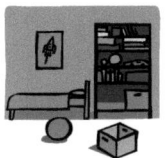

Kinderzimmer

د ماشوم خونه

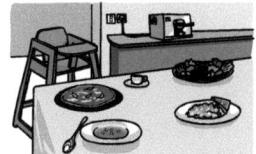

Esszimmer

د خوارو خونه

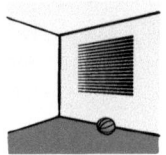

Boden

فرش

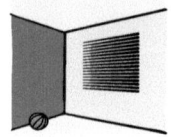

Wand

ديوال

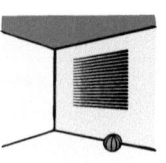

Decke

چت

Keller

زيرخانه

Sauna

سونا

Balkon

بالكوني

Terrasse

نتراس

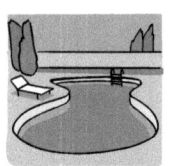

Schwimmbad

حوض

Rasenmäher

د چمن وهلو ماشين

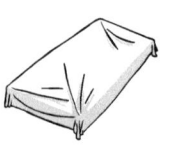

Bettbezug

ثيت

Bettdecke

روجايى

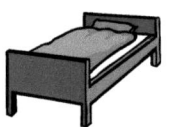

Bett

تخت

Besen

جارو

Eimer

بوكه

Schalter

سويچ

Wohnzimmer

د اوسيدو خونه

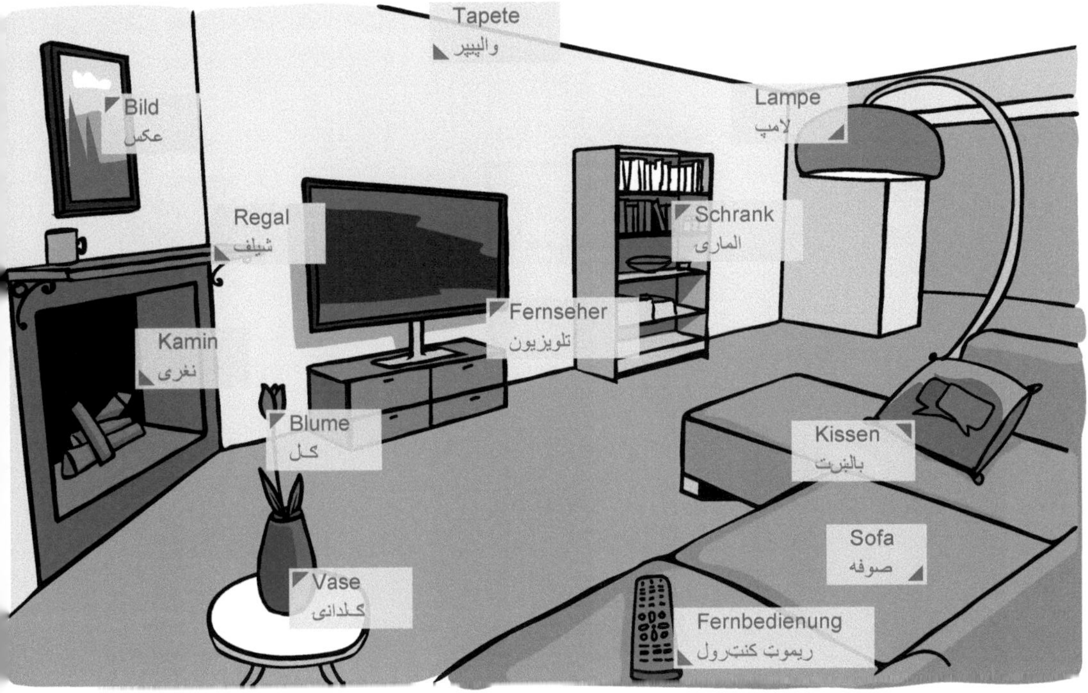

Tapete
والپیپر
Bild
عکس
Lampe
لامپ
Regal
شیلف
Schrank
الماری
Fernseher
تلویزیون
Kamin
نغری
Blume
ګل
Kissen
بالښت
Sofa
صوفه
Vase
ګلدانی
Fernbedienung
ریموټ کنټرول

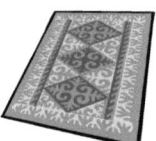

Teppich

غالی

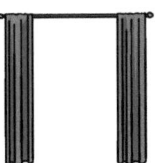

Vorhang

پرده

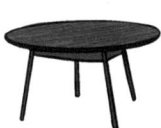

Tisch

میز

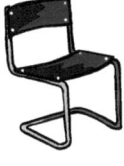

Stuhl

چوکی

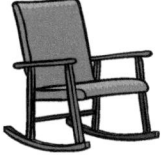

Schaukelstuhl

تاویدونکي چوکی

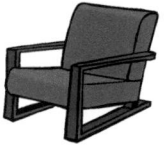

Sessel

بازو لرونکی چوکی

Buch

كتاب

Decke

كمپل

Dekoration

ديكوريشن

Feuerholz

د اور لرګي

Film

فلم

Stereoanlage

هايفای

Schlüssel

كلي

Zeitung

ورځپاڼه

Gemälde

نقاشي

Poster

پوسټر

Radio

راديو

Notizblock

كتابچه

Staubsauger

واكيوم جارو

Kaktus

كاكتوس

Kerze

شمع

Küche

پخلنځی

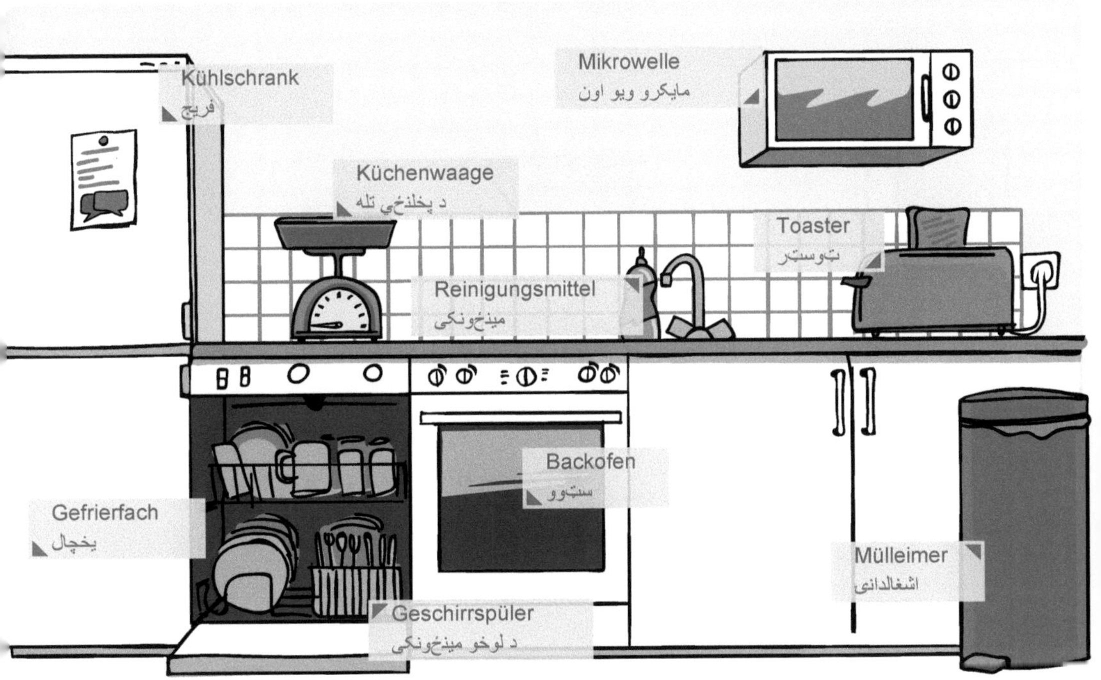

Kühlschrank
فریج
Mikrowelle
مایکرو ویو اون
Küchenwaage
د پخلنځي تله
Toaster
ټوستر
Reinigungsmittel
مینځونکی
Backofen
سټوو
Gefrierfach
یخچال
Mülleimer
اشغالدانی
Geschirrspüler
د لوخو مینځونکی

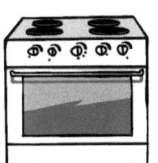

Herd

دیگ بخار

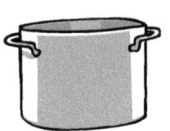

Topf

لوخی

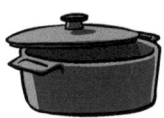

Eisentopf

چدني لوخی

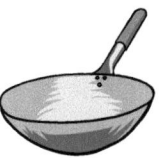

Wok / Kadai

ووک

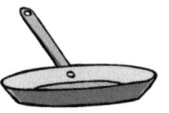

Pfanne

د تلي په

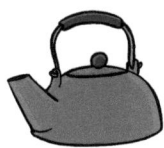

Wasserkocher

چای جوش

Dampfgarer

د بخار ديگ

Backblech

پتنوس

Geschirr

لوخي

Becher

مگ

Schale

كاسه

Essstäbchen

د رانيولو اوزار

Suppenkelle

څمڅۍ

Pfannenwender

كفګير

Schneebesen

پاكونكى

Kochsieb

صافي

Sieb

غلبيل

Reibe

ګريتر

Mörser

اونګ

Grill

بار بي كيو

Feuerstelle

خلاص اور

Schneidebrett

تخته

Nudelholz

هوارونکی

Korkenzieher

کارک سکریو

Dose

ټېم

Dosenöffner

د ټېم خلاصونکی

Topflappen

د لوخي ټوتهه

Waschbecken

ظرف شوی

Bürste

برس

Schwamm

سپنج

Mixer

بلیندر

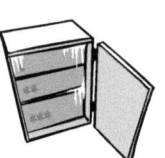

Gefriertruhe

ژور یخچال

Babyflasche

د ماشوم بوتل

Wasserhahn

نل

Badezimmer

حمام

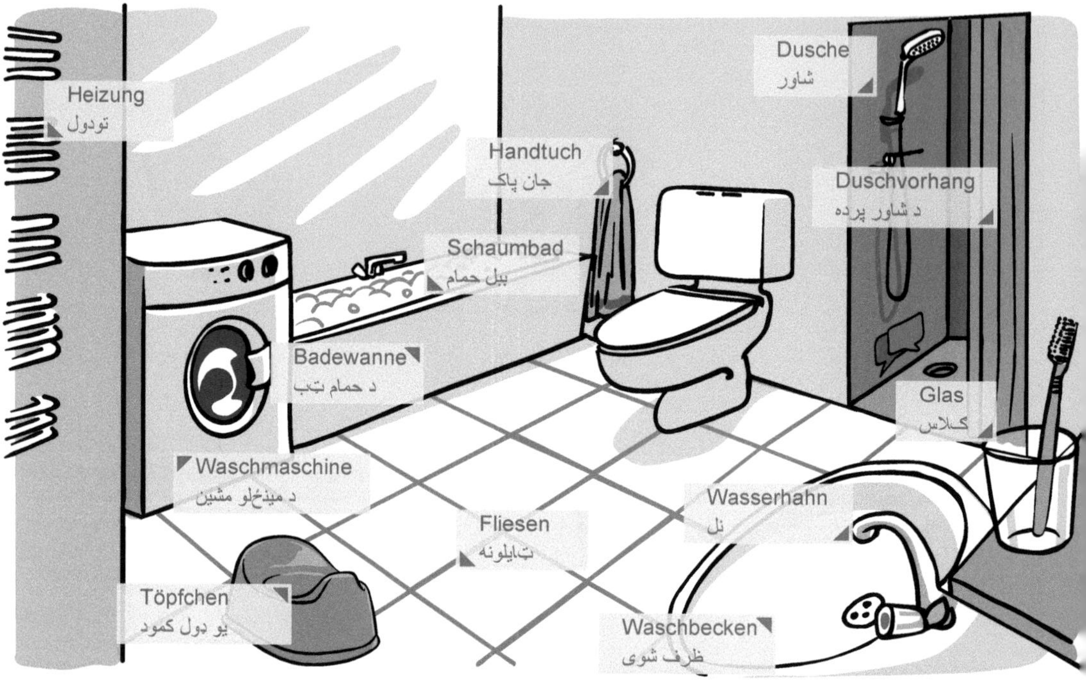

Heizung
تودول
Handtuch
جان پاک
Schaumbad
ببل حمام
Badewanne
د حمام ټب
Waschmaschine
د مینځلو مشین
Töpfchen
یو بول کمود
Fliesen
ټایلونه
Dusche
شاور
Duschvorhang
د شاور پرده
Glas
گلاس
Wasserhahn
نل
Waschbecken
ظرف شوی

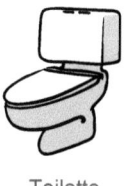

Toilette

تشناب

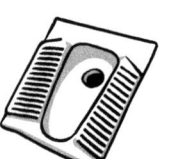

Hocktoilette

فرشي کمود

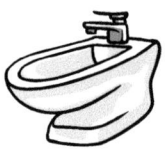

Bidet

کمود

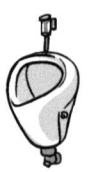

Pissoir

د متیازو ځای

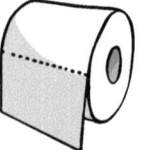

Toilettenpapier

تشناب کاغذ

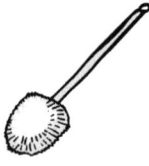

Toilettenbürste

د تشناب برس

Zahnbürste

د غاښونو برس

Zahnpasta

د غاښونو کریم

Zahnseide

د غاښونو نخ

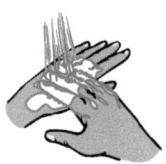

waschen

مینځل

Handbrause

لاسي شاور

Intimdusche

دوش

Waschschüssel

خانک

Rückenbürste

د شا برس

Seife

صابون

Duschgel

د شاور ژل

Shampoo

شامپو

Waschlappen

فلانل جامه

Abfluss

وڅول

Creme

کریم

Deodorant

سپری

Spiegel

آینه

Kosmetikspiegel

لاسي آینه

Rasierer

ریزر

Rasierschaum

د خریلو فوم

Rasierwasser

د خریلو وروسته

Kamm

ګمنځ

Bürste

برس

Föhn

د ویښتانو وچونکی

Haarspray

د ویښتانو سپری

Makeup

میک اپ

Lippenstift

لیپ سټیک

Nagellack

د نوکانو پالش

Watte

کاټن وری

Nagelschere

ناخن ګیر

Parfum

عطر

Kulturbeutel

د مینځلو کڅوړه

Hocker

سټول

Waage

د وزن کولو تله

Bademantel

د حمام پوښاک

Gummihandschuhe

د ربر دستکش

Tampon

تامپون

Damenbinde

صحیی جان پاک

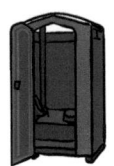

Chemietoilette

کیمیکل تشناب

Kinderzimmer

د ماشوم خونه

Wecker
د الارم ساعت
Kuscheltier
د لوبو وسایل
Spielzeugauto
د نانځکي موټر
Rassel
ریټل
Puppenhaus
د نانځکو خونه
Geschenk
ډالۍ

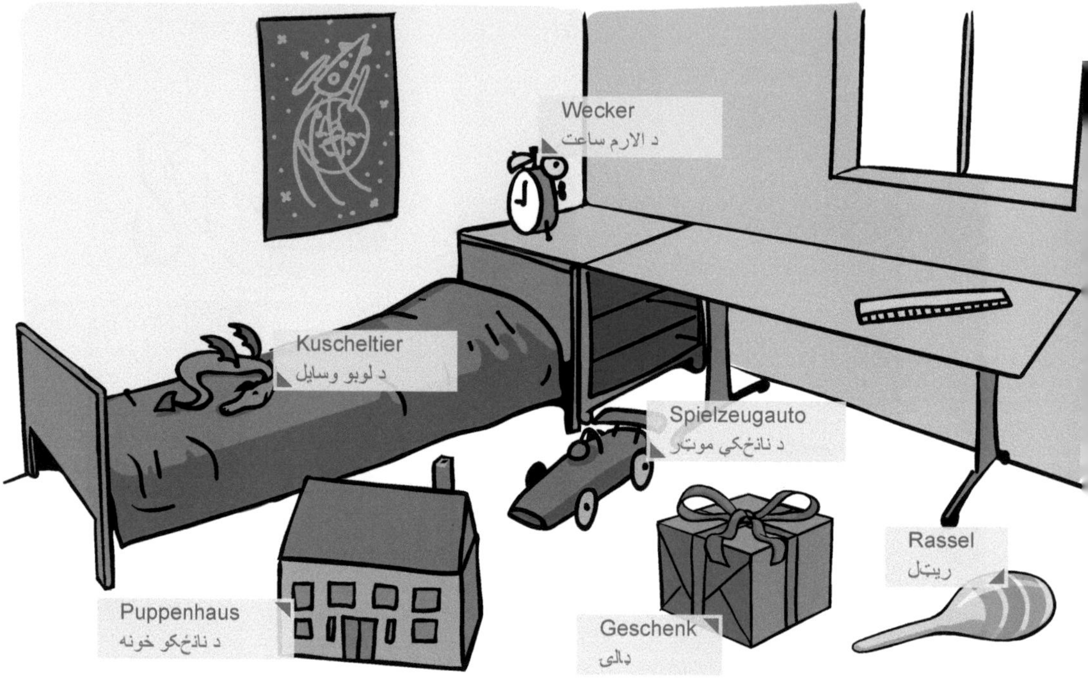

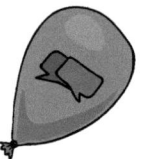

Ballon

بالون

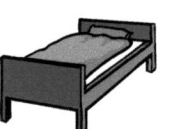

Bett

تخت

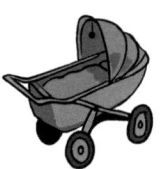

Kinderwagen

کالسکه

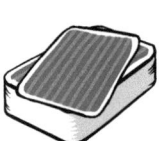

Kartenspiel

د لوبو ورقي

Puzzle

جیګسا

SUPER
MEGA

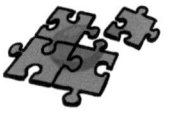

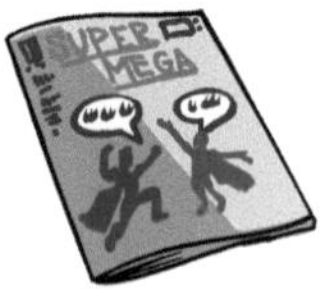

Comic

مسخره

Legosteine

ليګو بريک

Bausteine

د نانځکو بلاک

Action Figur

د اکشن فيګور

Strampelanzug

د ماشوم پوښاک

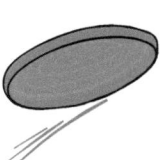

Frisbee

فريزبي

Mobile

موبايل

Brettspiel

بورډ لوبه

Würfel

تاس

Modelleisenbahn

مادل ریل سيټ

Schnuller

ګونګښی

Party

پارټي

Bilderbuch

د عکسونو البوم

Ball

بال

Puppe

نانځکه

spielen

لوبيدل

Sandkasten

د شګو کنده

Spielzeug

ناناخڅکي

Spielkonsole

د ویدیو لوبو کنسول

Dreirad

ترای سایکل

Teddy

ګوډکه

Schaukel

سوینګ

Kleiderschrank

د کالو الماری

Kleidung

پوښاک

Socken

جرابي

Strümpfe

لوړي جرابي

Strumpfhose

ټایيټس

Schal
زروکی

Gürtel
کمربند

Regenschirm
چتری

T-Shirt
بنتي شرت

Turnschuhe
سنیکر

Stiefel
بوټان

Hausschuhe
سلیپر

Sandalen
سیندل

Schuhe
بوټان

Gummistiefel
د ربر بوټان

Unterhose
زیرنیکري

Büstenhalter
سینه بند

Unterhemd
واسکټ

Kleidung - پوښاک   45

Body

بادي

Hose

پتلون

Jeans

جينز

Rock

لمن

Bluse

بلاوز

Hemd

شرټ

Pullover

بنيان

Kapuzenpullover

سويټر

Blazer

بليزر

Jacke

جاكټ

Mantel

كوټ

Regenmantel

د باران كوټ

Kostüm

پوښاک

Kleid

كالي

Hochzeitskleid

د واده پوښاک

Anzug

دريشي

Nachthemd

د شپې پوښاک

Schlafanzug

پاجامه

Sari

ساري

Kopftuch

لوپته

Turban

پتکی

Burka

برقه

Kaftan

کفتن

Abaya

عبا

Badeanzug

د لامبو پوښاک

Badehose

نیکر

Kurze Hose

شارټ

Trainingsanzug

د خغاستي پوښاک

Schürze

پیش بند

Handschuhe

دستکش

Knopf

بتن

Brille

عینک

Armband

لاس بند

Halskette

غاړه کۍ

Ring

گوتمه

Ohrring

غوږوالۍ

Mütze

خولۍ

Kleiderbügel

کوت بند

Hut

خولۍ

Krawatte

نتایی

Reißverschluss

ځنځير

Helm

هيلميت

Hosenträger

تړونکی

Schuluniform

د ښوونځي يونيفارم

Uniform

يونيفارم

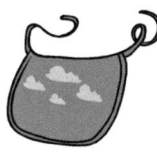

Lätzchen

بيب

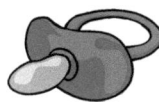

Schnuller

ګونګشی

Windel

نيپي

Büro

دفتر

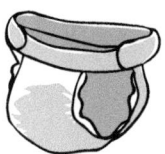

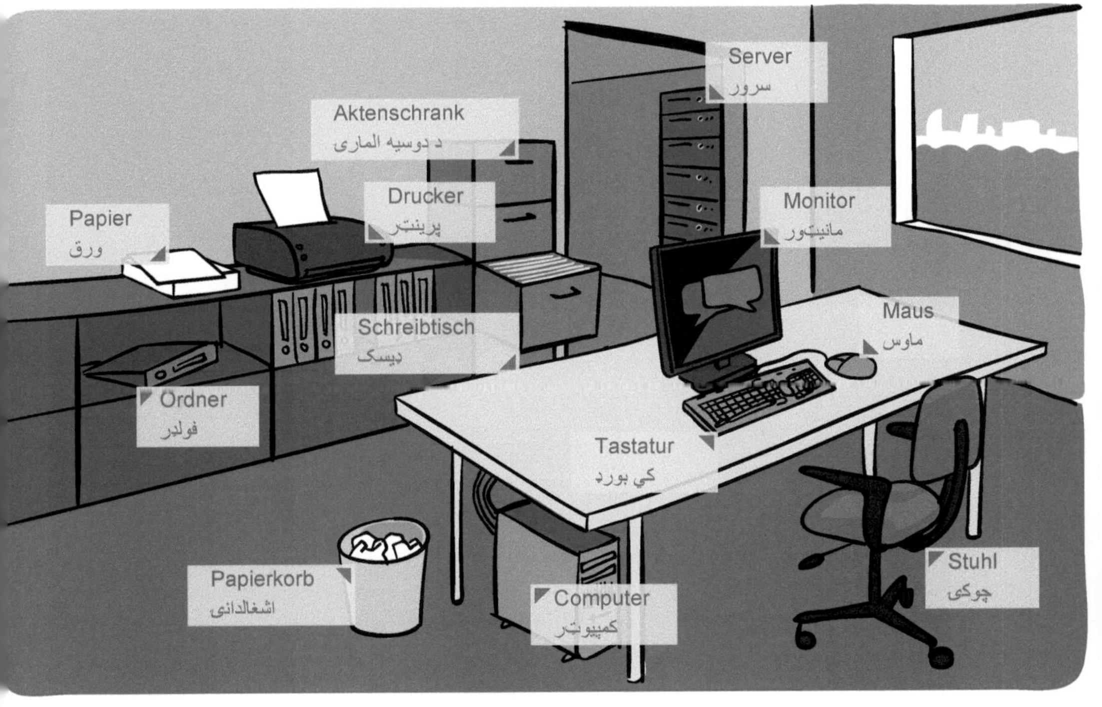

Server
سرور
Aktenschrank
د دوسیه الماری
Drucker
پرينټر
Papier
ورق
Monitor
مانيټور
Maus
ماوس
Schreibtisch
ډیسک
Ordner
فولډر
Tastatur
کي بورډ
Papierkorb
اشغالدانی
Computer
کمپيوټر
Stuhl
چوکی

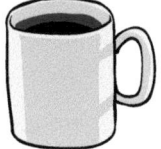

Kaffeebecher

د کافي پياله

Taschenrechner

کالکوليټر

Internet

انټرنيټ

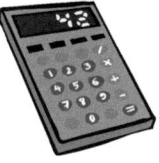

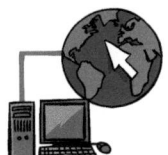

Laptop

لپ ٹاپ

Brief

لیک

Nachricht

پیغام

Handy

موبایل

Netzwerk

نیٹورک

Kopierer

فوٹوکاپیر

Software

سافٹویر

Telefon

ٹلیفون

Steckdose

پلگ ساکٹ

Fax

فکس مشین

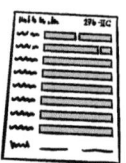

Formular

فارم

Dokument

سند

kaufen

پيرل

bezahlen

تاديه کول

handeln

سوداگري کول

Geld

پيسي

Dollar

ﱂالر

Euro

يورو

Yen

ين

Rubel

ربل

Franken

سويسي فرانک

Renminbi Yuan

رينمينبي يوان

Rupie

روپی

Geldautomat

د نغدي پيسو خُای

Wechselstube

د اسعارو د تبادلي دفتر

Gold

سره زر

Silber

سپين زر

Öl

تیل

Energie

انرژي

Preis

نرخ

Vertrag

قرارداد

Steuer

مالیه

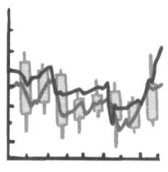

Aktie

اسهام

arbeiten

کار کول

Angestellter

کارمند

Arbeitgeber

کار ګومارونکی

Fabrik

فابریکه

Geschäft

پلورنځی

Berufe
مسلکونه

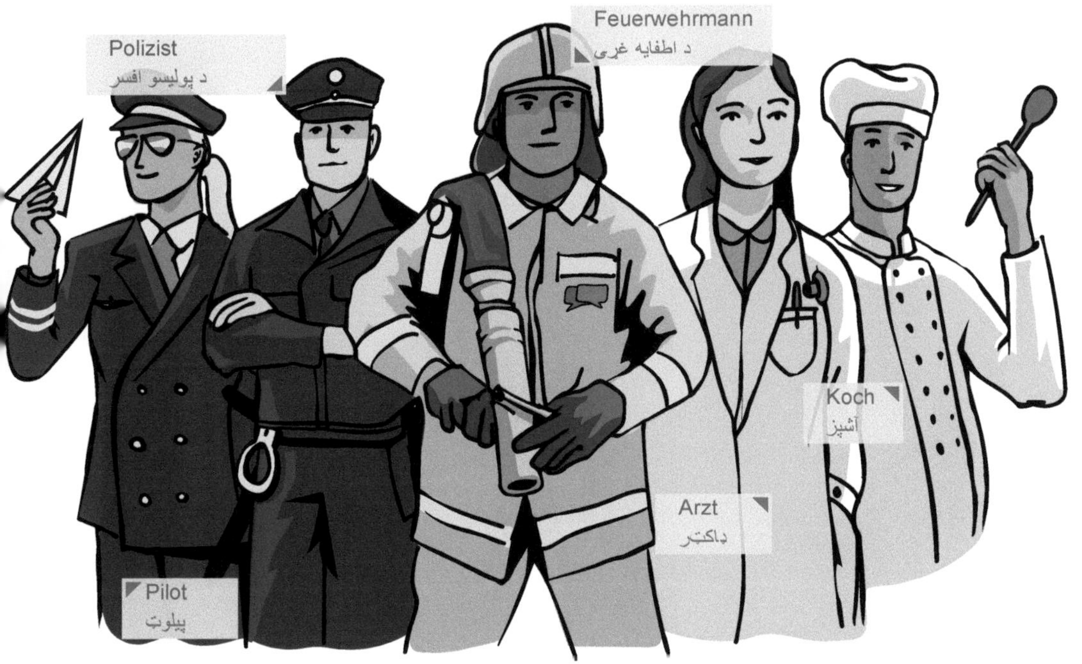
Polizist
د پولیسو افسر
Feuerwehrmann
د اطفایه غړی
Koch
آشپز
Arzt
ډاکټر
Pilot
پیلوټ

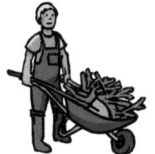

Gärtner

باغوان

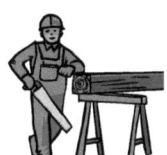

Tischler

نجار

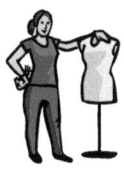

Näherin

خیاط

Richter

قاضي

Chemiker

کیمیا پوه

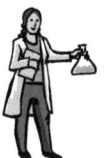

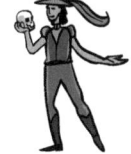

Schauspieler

د فلم لوبغاړی

Busfahrer

د بس ډرايور

Taxifahrer

د ټيکسي ډرايور

Fischer

کب نيونکی

Putzfrau

خدمه

Dachdecker

بام جوړونکی

Kellner

پيشخدمت

Jäger

ښکاري

Maler

نقاش

Bäcker

نانوا

Elektriker

د برښنا کارکونکی

Bauarbeiter

تعمير جوړونکی

Ingenieur

انجنير

Schlachter

قصاب

Klempner

نلدوان

Postbote

پوست رسونکی

Soldat

سرتیری

Architekt

مهندس

Kassierer

صراف

Florist

ماليار

Friseur

نايي

Schaffner

کلیندر

Mechaniker

میکانیک

Kapitän

کپتان

Zahnarzt

د غاښونو ډاکتر

Wissenschaftler

ساینس پوه

Rabbi

ښاغلی

Imam

امام

Mönch

مذهبي نفر

Geistlicher

پادري

Werkzeuge
لوازم

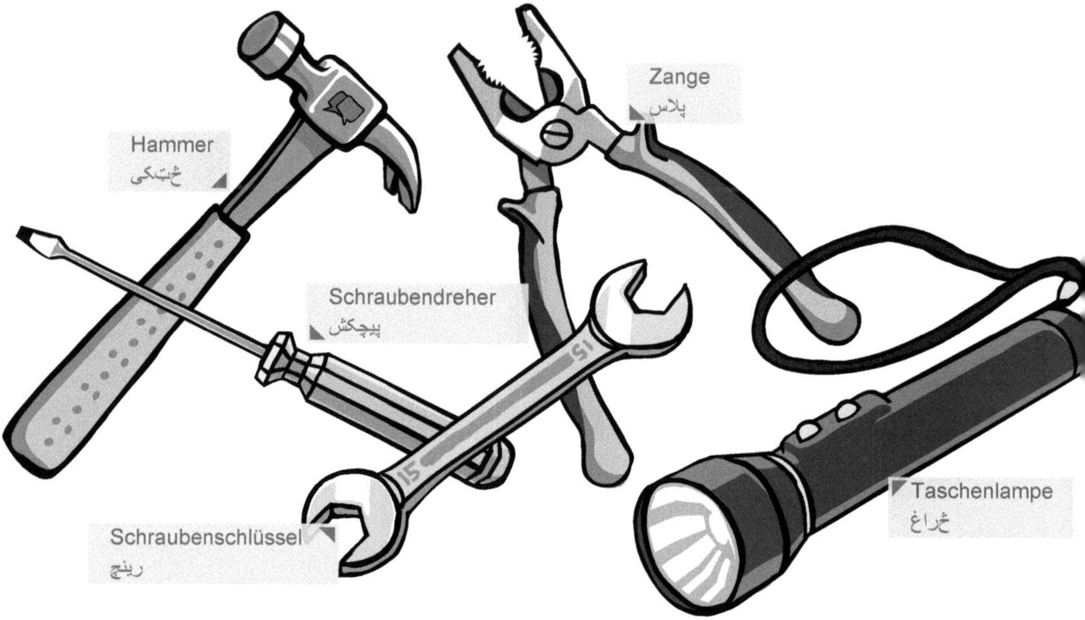

Hammer
ځټکی
Zange
پلاس
Schraubendreher
پیچکش
Schraubenschlüssel
رینچ
Taschenlampe
څراغ

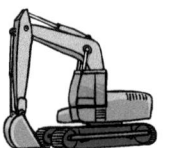

Bagger

کنستونکی

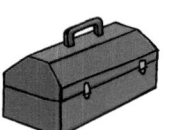

Werkzeugkasten

د لوازمو بکس

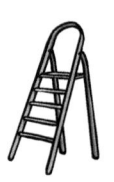

Leiter

زینه

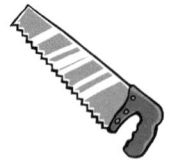

Säge

اره

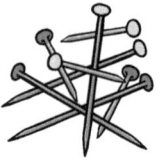

Nägel

میخونه

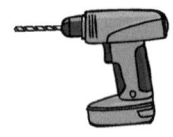

Bohrer

برمه

reparieren

ترمیم کول

Schaufel

بیل

Mist!

لعنت!

Kehrblech

خاک انداز

Farbtopf

مشوانۍ

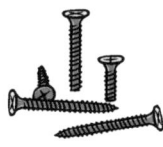

Schrauben

پیچونه

Musikinstrumente

د میوزیک آلات

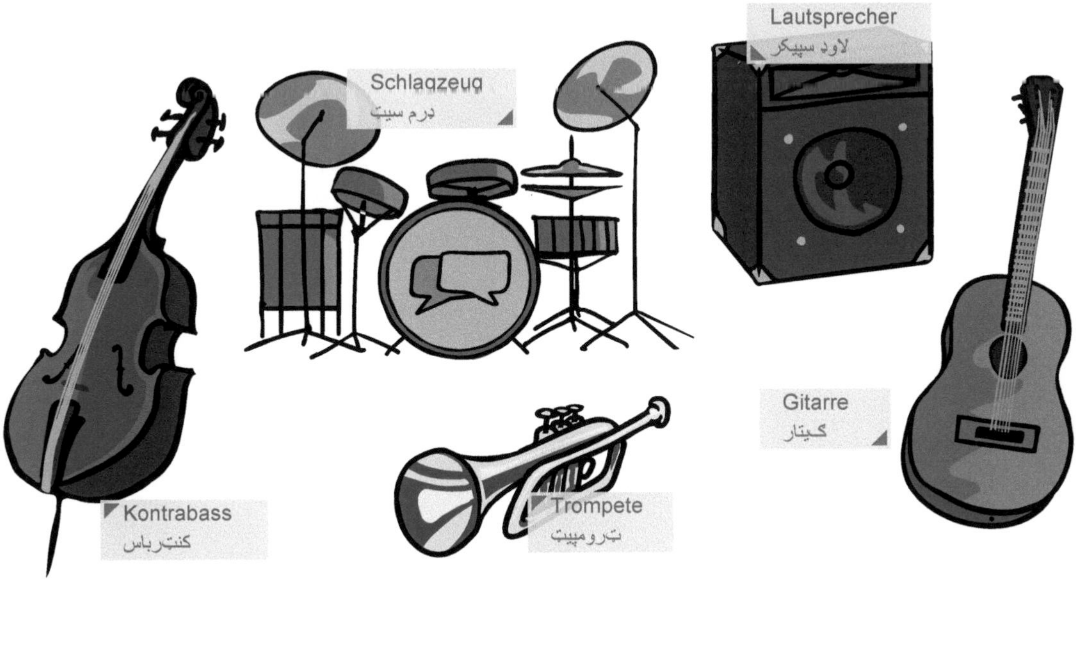

Lautsprecher
لاوډ سپیکر

Schlagzeug
ډرم سیټ

Kontrabass
کنټرباس

Trompete
ترومپیټ

Gitarre
ګیتار

Klavier

پیانو

Violine

وایلن

Bass

باس

Pauke

نغاره

Trommeln

درمونه

Keyboard

کي بورد

Saxophon

سیکسافون

Flöte

شپیلی

Mikrofon

مایکروفون

Zoo

ژوبڼ

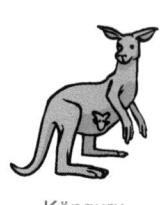

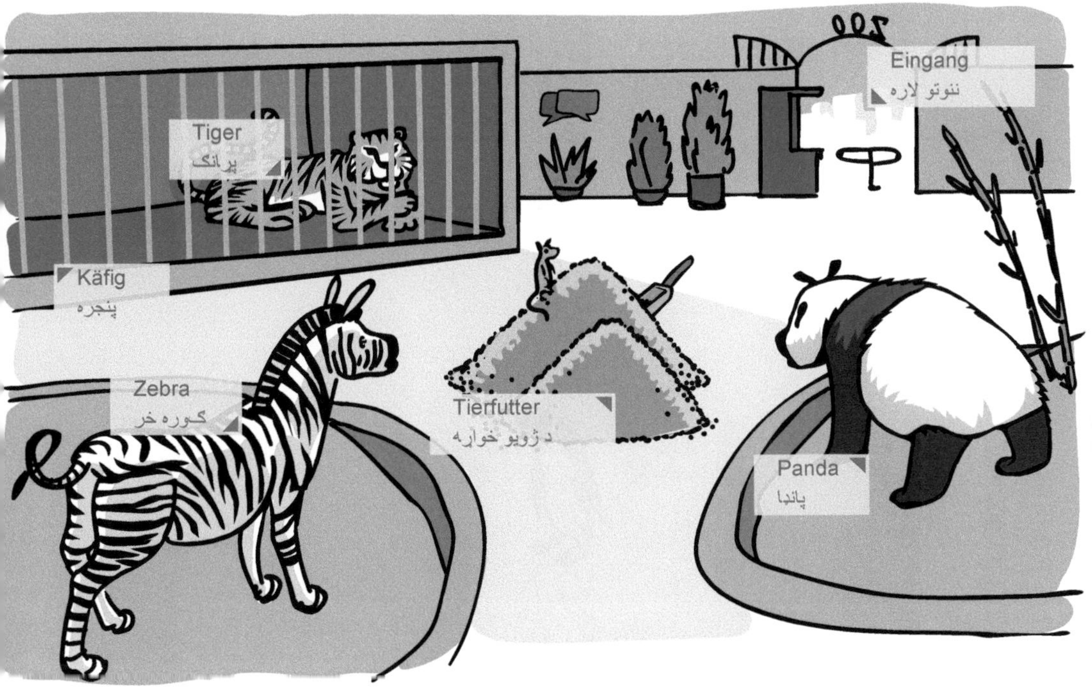

Eingang
ننوتو لاره
Tiger
پړانګ
Käfig
پنجره
Zebra
ګوره خر
Tierfutter
د ژويو خواړه
Panda
پاندا

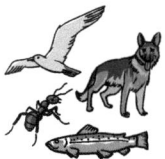

Tiere

ژوی

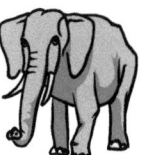

Elefant

هاتي

Känguru

کنګرو

Nashorn

د اوبو اسپ

Gorilla

ګوريلا

Bär

ايږه

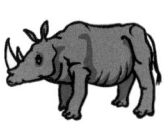

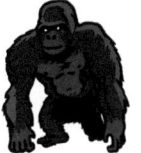

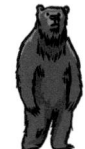

Kamel

اوښ

Strauß

 شترمرغ

Löwe

زمری

Affe

بيزو

Flamingo

غزی

Papagei

طوطي

Eisbär

قطبي ايږه

Pinguin

پینگوین

Hai

شارک

Pfau

طاوس

Schlange

مار

Krokodil

تمساح

Zoowärter

ژوبن ساتونکی

Robbe

سیل

Jaguar

جگوار

Pony

یابو

Leopard

پرانگ

Nilpferd

هیپو

Giraffe

زرافه

Adler

باز

Wildschwein

نرخوک

Fisch

کب

Schildkröte

شمشتی

Walross

سمندري نولی

Fuchs

گیدره

Gazelle

هوسی

American Football
امریکایی فټبال

Radfahren
سایکل چغلول

Tennis
تېنیس

Basketball
باسکیتبال

Schwimmen
لامبو

Boxen
باکسینګ

Eishockey
د کنګل هاکي

Fußball

فټبال

Badminton

کسیزه

Leichtathletik

د خغاستی لوبی

Handball

د هندبال

Skilaufen

سکي

Polo

پولو

lachen
خندل

springen
ټوپ وهل

umarmen
غاړه ورکول

gehen
ګرځیدل

singen
سندري ویل

beten
عبادت کول

küssen
مچه کول

träumen
خوب لیدل

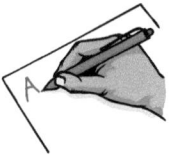

schreiben

لیکل

zeichnen

کښل

zeigen

ښودل

drücken

ټیله کول

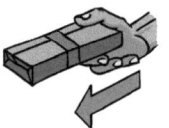

geben

ورکول

nehmen

اخیستل

haben

درلودل

tun

کول

sein

پاييدل

stehen

ودريدل

laufen

مندې وهل

ziehen

راکښل

werfen

ګوزارل

fallen

لويدل

liegen

څملاستل

warten

انتظار کول

tragen

وړل

sitzen

کښېناستل

anziehen

پوښاک اغوستل

schlafen

ويده کيدل

aufwachen

پاڅيدل

ansehen

کتل

weinen

ژړل

streicheln

بريد کول

kämmen

ګمځخ کول

reden

خبري کول

verstehen

پوهيدل

fragen

غوښتل

hören

اوريدل

trinken

څښل

essen

خورل

aufräumen

پاکول

lieben

مينه کول

kochen

پخلی کول

fahren

موټر چلول

fliegen

الوتل

segeln

بیری چلول

rechnen

حساب

lesen

لوستل

lernen

زده کول

arbeiten

کار کول

heiraten

واده کول

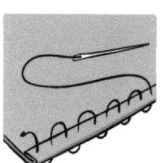

nähen

ګنډل

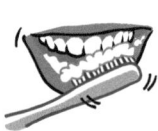

Zähne putzen

د غاښونو برس کول

töten

وژل

rauchen

سګرټ څښل

senden

لیږل

Familie

کورنۍ

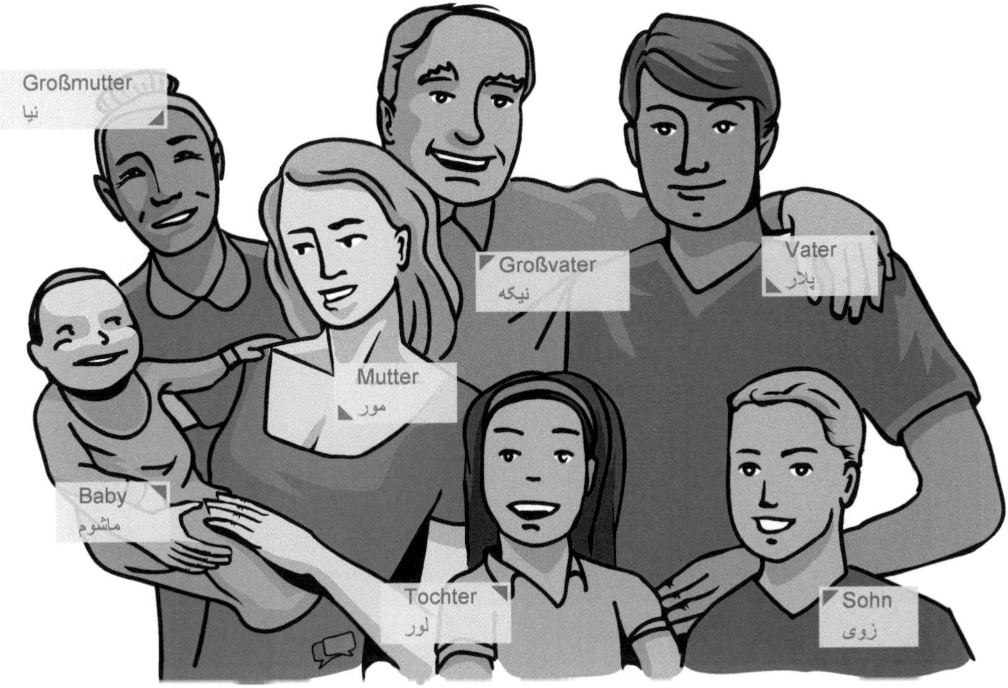

Großmutter
نیا
Großvater
نیکه
Vater
پلار
Mutter
مور
Baby
ماشوم
Tochter
لور
Sohn
زوی

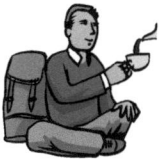

Gast
میلمه

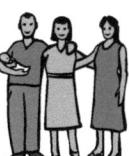

Tante
ترور

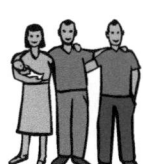

Onkel
کاکا/ماما

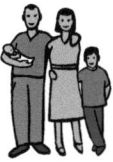

Bruder
ورور

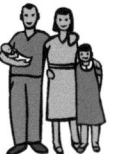

Schwester
خور

Körper

بدن

Stirn
تندی
Auge
سترګې
Schulter
اوږه
Finger
ګوته
Gesicht
مخ
Kinn
زنه
Hand
لاس
Bein
پښه
Brust
سینه
Arm
مټ

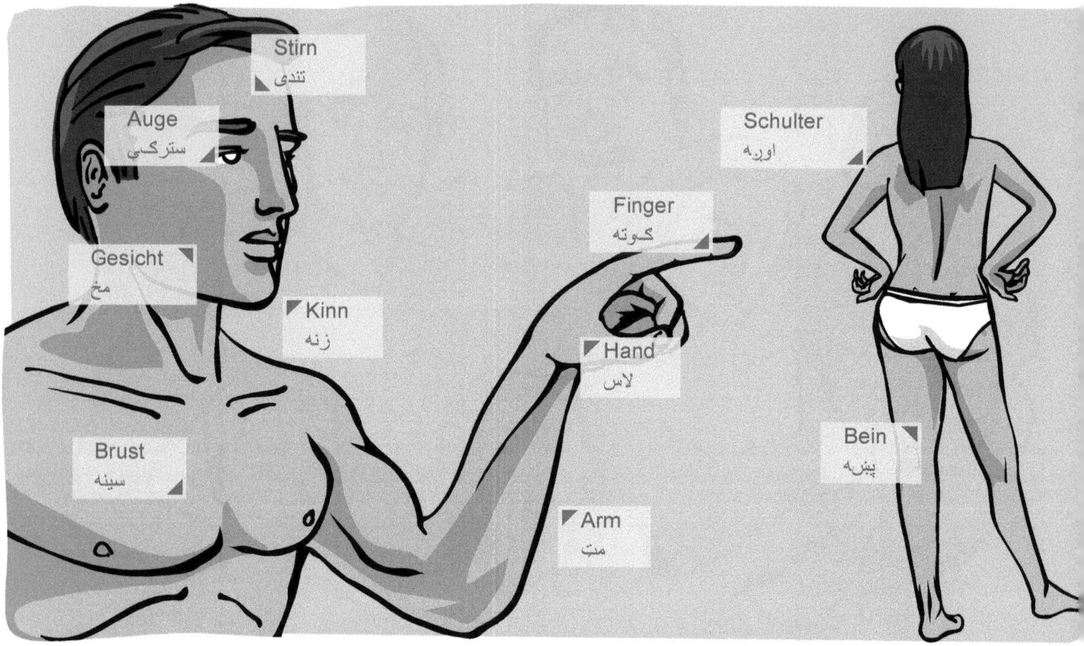

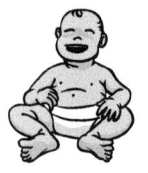

Baby

ماشوم

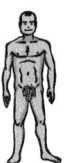

Mann

سړی

Frau

ښځه

Mädchen

انجلۍ

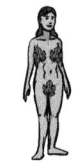

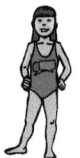

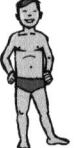

Junge

هلک

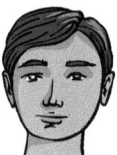

Kopf

سر

Rücken

شا

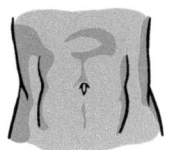

Bauch

خیټه

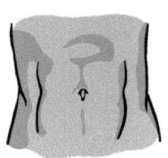

Nabel

نوم

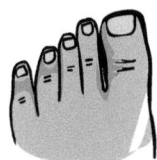

Zeh

د پښې ګوته

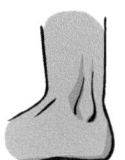

Ferse

پونده

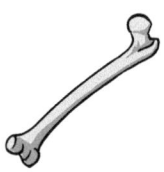

Knochen

هډوکی

Hüfte

کوناټی

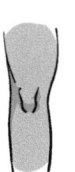

Knie

زنګون

Ellenbogen

څنګل

Nase

پوزه

Gesäß

لاندي برخه

Haut

پوټکی

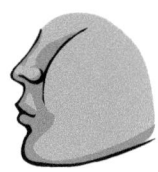

Wange

غومبوری

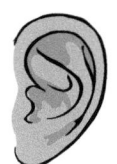

Ohr

غوږ

Lippe

شونډه

Mund

خوله

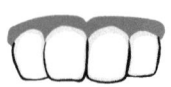

Zahn

غاښ

Zunge

ژبه

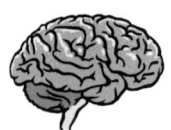

Gehirn

مغز

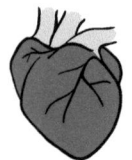

Herz

زره

Muskel

عضله

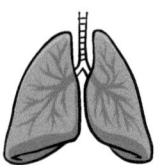

Lunge

سږى

Leber

ځیګر

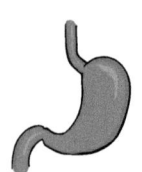

Magen

معده

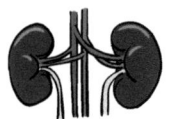

Nieren

پښتورګي

Geschlechtsverkehr

جنسي نږدي والی

Kondom

کاندوم

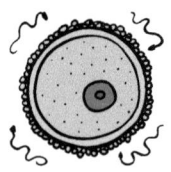

Eizelle

تخمه

Sperma

مني

Schwangerschaft

حمل

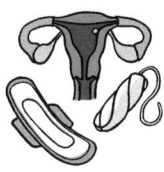

Menstruation

حيض

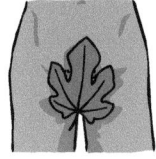

Vagina

مهبل

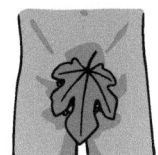

Penis

د نارينه تناسلي آله

Augenbraue

وروځی

Haar

ويښته

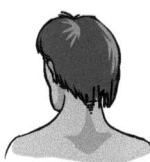

Hals

غاړه

Krankenhaus
روغتون

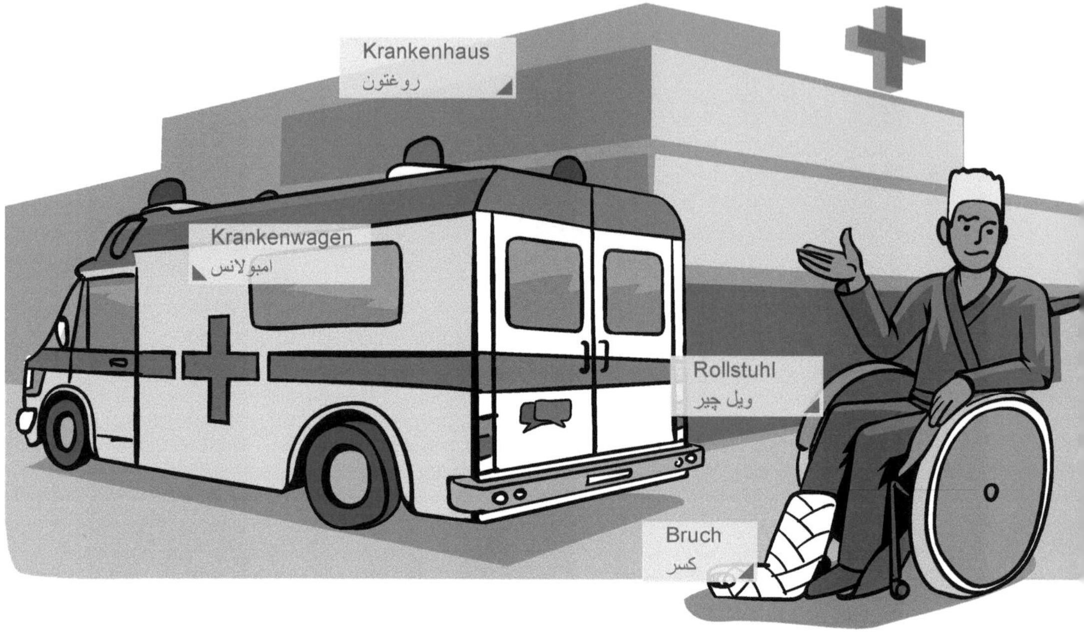

Krankenhaus
روغتون
Krankenwagen
امبولانس
Rollstuhl
ويل چير
Bruch
کسر

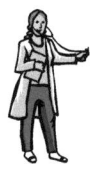

Arzt
ډاکټر

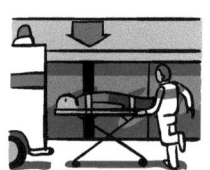

Notaufnahme
عاجل خونه

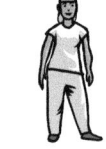

Krankenschwester
رنځورپال

Notfall
عاجل

ohnmächtig
بي هوش

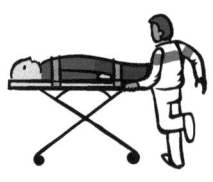

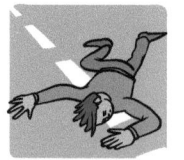

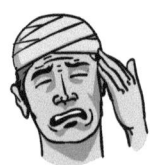

Schmerz
درد

Verletzung

تپ

Blutung

وینه تویدل

Herzinfarkt

د زړه حمله

Schlaganfall

ضرب

Allergie

حساسیت

Husten

ټوخی

Fieber

تبه

Grippe

انفلوینزا

Durchfall

نس ناستی

Kopfschmerzen

سر درد

Krebs

سرطان

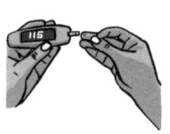

Diabetis

شکر

Chirurg

جراح

Skalpell

سکالپل

Operation

عملیات

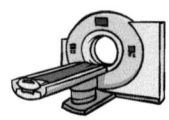

CT

سيبنيتي

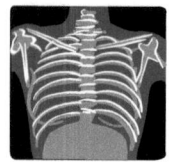

Röntgen

ايکس ری

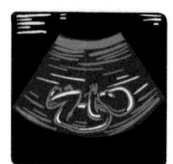

Ultraschall

التراساوند

Maske

د مخ ماسک

Krankheit

ناروغي

Wartezimmer

انتظار خونه

Krücke

امسأ

Pflaster

پلستّر

Verband

بنداژ

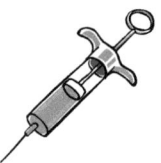

Injektion

تزريق

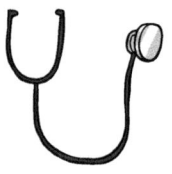

Stethoskop

ستاتسکوپ

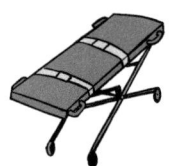

Trage

تسکيره

Thermometer

کلينکي ترماميتر

Geburt

زيږون

Übergewicht

زيات وزن

Hörgerät

د اوریدو مرسته

Desinfektionsmittel

د عفونيت څخه پاکونکي مواد

Infektion

عفونيت

Virus

ويروس

HIV / AIDS

ایچ.آی.وی/ایدز

Medizin

درمل

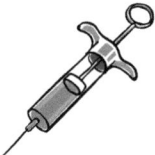

Impfung

واکسين

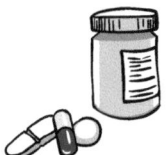

Tabletten

ټابليټس

Pille

ګولۍ

Notruf

عاجل تليفون

Blutdruck-Messgerät

د وينې د فشار څارونکی

krank / gesund

ناروغ/روغ

Hilfe!

مرسته!

Alarm

الارم

Überfall

يرغل

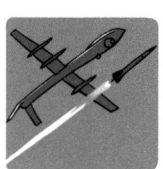

Angriff

بريد

Gefahr

خطر

Notausgang

عاجل لاره

Feuer!

اور!

Feuerlöscher

د اور وژونکی

Unfall

پيښه

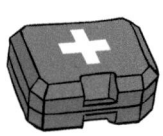

Erste-Hilfe-Koffer

د لومړی مرستي لوازم

SOS

ايس.او.ايس

Polizei

پوليس

Europa

اروپا

Nordamerika

شمالي امريکا

Südamerika

سهيلي امريکا

Afrika

افريقا

Asien

آسيا

Australien

آستريليا

Atlantik

اتلانتيک

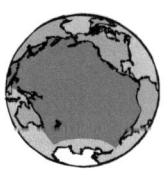

Pazifik

پاسيفيک

Indischer Ozean

د هند بحر

Antarktischer Ozean

جنوبي منجمد بحر

Arktischer Ozean

د شمال قطب بحر

Nordpol

شمالي قطب

Südpol

سهيلي قطب

Antarktis

انتارکتيکا

Erde

خُمکه

Land

خُمکه

Meer

بحر

Insel

ټاپو

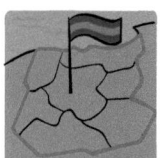

Nation

ملت

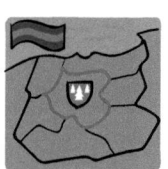

Staat

دولت

Zifferblatt

د مخي ساعت

Stundenzeiger

د ساعت ستنه

Minutenzeiger

د دقیقی ستنه

Sekundenzeiger

د ثانیی ستنه

Wie spät ist es?

څه وخت دی؟

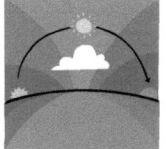

Tag

ورځ

Zeit

وخت

jetzt

اوس

Digitaluhr

ډیجیتل ساعت

Minute

دقیقه

Stunde

ساعت

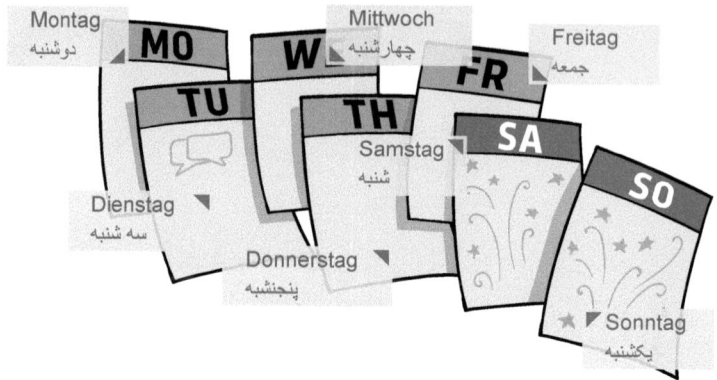

gestern

پرون

heute

نن

morgen

سبا

Morgen

سهار

Mittag

غرمه

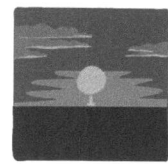

Abend

ماښام

Arbeitstage

کاري ورځې

Wochenende

د اونۍ پای

Jahr
کال

Regen
باران
Regenbogen
رنګين کمان
Schnee
واوره
Wind
باد
Frühling
پسرلی
Herbst
منی
Sommer
اوړی
Winter
ژمی

4.APRIL 11°
5.APRIL 4°
6.APRIL 13°
7.APRIL 8°
8.APRIL 10°

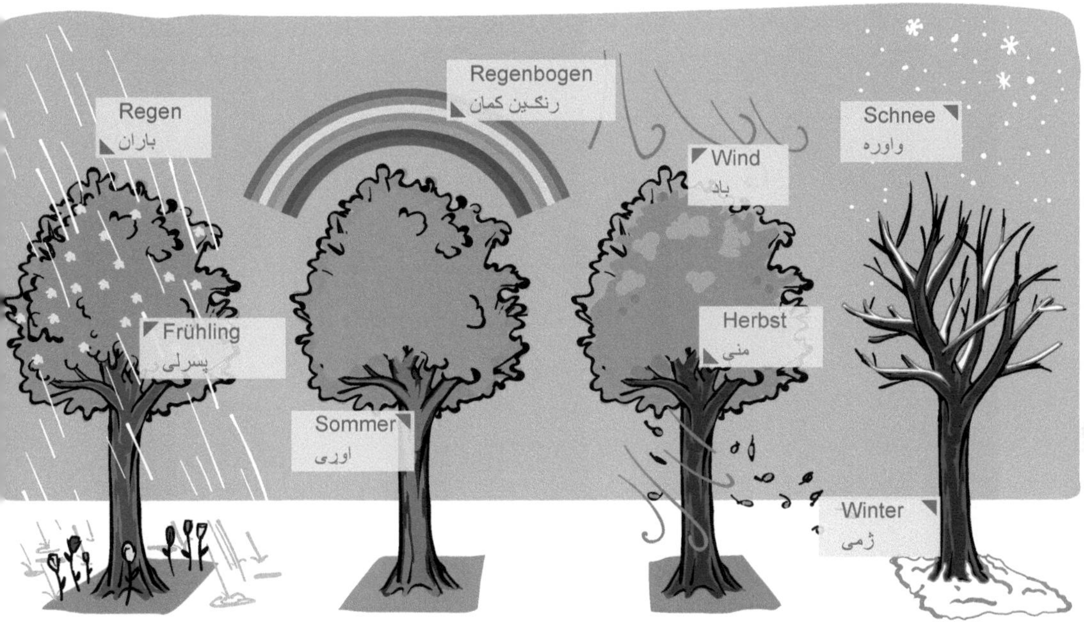

Wettervorhersage

د موسم وړاندوینه

F C
120 40
90 30
60 20
30 10
0 0
-30 -10
-20

Thermometer

ترموميټر

Sonnenschein

د لمر وړانګې

Wolke

وريځ

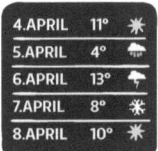

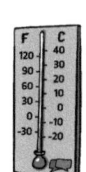

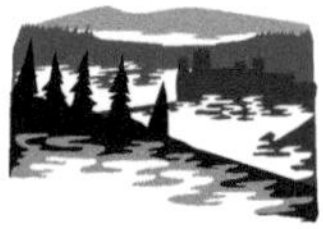

Nebel

لړه

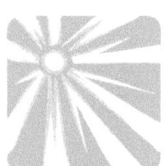

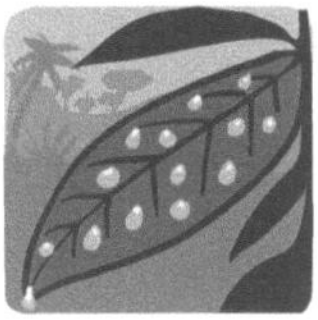

Luftfeuchtigkeit

رطوبت

Blitz

رڼا

Donner

تندر

Sturm

توفان

Hagel

ږلۍ وریدل

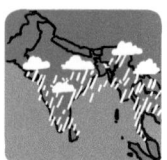

Monsun

مون سون باران

Flut

سيلاب

Eis

يخ

Januar

جنوري

Februar

فبروري

März

مارچ

April

اپرېل

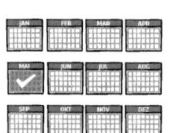

Mai

مى

Juni

جون

Juli

جولاى

August

اګست

September
....
سپتمبر

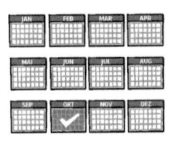

Oktober
....
اکتوبر

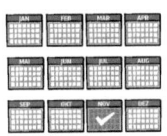

November
....
نومبر

Dezember
....
دسمبر

Formen

شکلونه

Kreis
....
دایره

Quadrat
....
مربع

Rechteck
....
مستطیل

Dreieck
....
مثلث

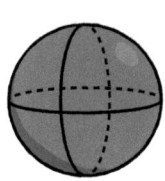

Kugel
....
توپ

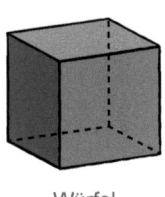

Würfel
....
فال

weiß

سپين

gelb

ژير

orange

نارنجي

pink

ګلابي

rot

سور

lila

ارغواني

blau

نيلي

grün

شين

braun

نسواري

grau

خر

schwarz

تور

viel / wenig

خورا ډير/خورا لږ

wütend / friedlich

قرار/ارام

hübsch / hässlich

ښکلی/بدشکله

Anfang / Ende

پیل/پای

groß / klein

لوی/کوچنی

hell / dunkel

روښانه/تیاره

Bruder / Schwester

ورور/خور

sauber / schmutzig

پاک/ککر

vollständig / unvollständig

مکمل/نامکمل

Tag / Nacht

ورځ/شپه

tot / lebendig

مړ/ژوندی

breit / schmal

پراخه/نری

genießbar / ungenießbar

د خوراک وړ/نه خوړل کیدونکی

böse / freundlich

بد/مهربان

aufgeregt / gelangweilt

پاریدلی/بی خونده

dick / dünn

چاق/اوچ

zuerst / zuletzt

لومړی/اوروستی

Freund / Feind

ملګری/دښمن

voll / leer

ډک/تش

hart / weich

سخت/نرم

schwer / leicht

دروند/سپک

Hunger / Durst

لوږه/تنده

krank / gesund

ناروغ/روغ

illegal / legal

غیرقانوني/قانوني

intelligent / dumm

هوښیار/ساده

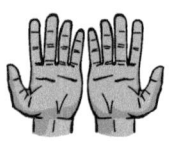

links / rechts

کیڼ/ښی

nah / fern

نژدې/لری

neu / gebraucht

نوی/زوړ

nichts / etwas

هيڅ/يوڅه

alt / jung

بله/ځوان

an / aus

چالان/بند

offen / geschlossen

خلاص/ترلی

leise / laut

 غلي/لوړ غږ

reich / arm

بډايه/غريب

richtig / falsch

صحيح/غلط

rau / glatt

زبر/ملايم

traurig / glücklich

خفه/خوښ

kurz / lang

لند/اوږد

langsam / schnell

سست/ګرندی

nass / trocken

لوند/وچ

warm / kühl

ګرم/يخ

Krieg / Frieden

جګړه/سوله

0

null

صفر

1

eins

يو

2

zwei

دوه

3

drei

دري

4

vier

څلور

5

fünf

پنځه

6

sechs

شپږ

7

sieben

اوه

8

acht

اته

9

neun

نهه

10

zehn

لس

11

elf

يولس

12

zwölf

دولس

13

dreizehn

ديارلس

14

vierzehn

څوارلس

15

fünfzehn

پنځلس

16

sechzehn

شپارس

17

siebzehn

وولس

18

achtzehn

اتلس

19

neunzehn

نولس

20

zwanzig

شل

100

hundert

سل

1.000

tausend

زر

1.000.000

million

ميليون

Englisch

انگلیسي

Amerikanisches Englisch

امریکایي انگلیسي

Chinesisch Mandarin

چینایي مندرین

Hindi

هندي

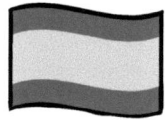

Spanisch

هسپانوي

Französisch

فرانسوي

Arabisch

عربي

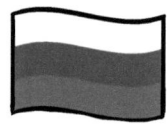

Russisch

روسي

Portugiesisch

پرتګالي

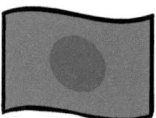

Bengalisch

بنګالي

Deutsch

آلماني

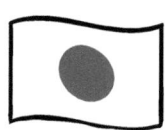

Japanisch

جاپاني

ich

زه

du

ته

er / sie / es

هغه/دغه/دا

wir

موږ

ihr

تاسي

sie

دوی/هغوی

wer?

څوک؟

was?

څه؟

wie?

څنګه؟

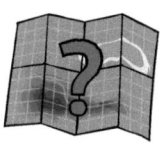

wo?

چیري؟

wann?

کله؟

Name

نوم

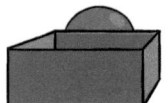

hinter

شاته

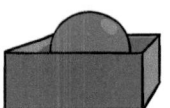

in

په

vor

په مخه کي

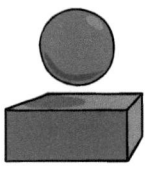

über

باندي

auf

په

unter

لاندي

neben

برسيره پر

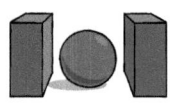

zwischen

ترمينځ

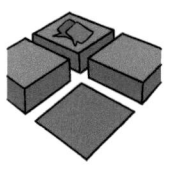

Ort

ځای